De schat v

Anton van der Kolk

Tekeningen van Harmen van Straaten

Zwijsen

Waar is de schat?

Opa is in de tuin.
Hij heeft een schop in zijn handen.
Hij graaft een diepe kuil.
'Wat doe je, opa?' vraagt Kim.
Opa kijkt op.
Zijn gezicht is rood.
Zweet parelt op zijn voorhoofd.
Hij pakt een grote, rode zakdoek.
Hij veegt zijn voorhoofd af.
'Ik snap er niets van,' zegt opa.
'Waar is hij toch?'
'Wat bedoel je?' vraagt Kim.
'De schat,' zegt opa.
'Ik zoek me rot.
Waar kan hij toch zijn?'
'Ligt hier een schat?' vraagt Kim.
Opa kijkt haar wazig aan.
Het lijkt alsof hij haar niet echt ziet.
'Het is een raadsel,' zegt opa.
'Er moet een schat zijn.
Ik heb hem zelf begraven.
Maar ik weet niet meer waar.'
'Wat voor een schat?' vraagt Kim.
'Tja,' zegt opa.
'Dat weet ik ook niet meer precies.

Ik vergeet zoveel de laatste tijd.'
Kim kijkt naar haar opa.
Oei, wat is hij oud.
Hij leunt puffend op zijn schop.
Dan kijkt hij verschrikt naar Kim.
'Hij is toch niet gepikt?' zegt hij.
'Dat zou een ramp zijn.'

3

Oma komt de tuin in.
'Hou daar nu mee op,' zegt ze.
'Dit werk is veel te zwaar voor je.'
Ze kijkt heel bezorgd.
'Is hier iemand geweest?' vraagt opa.
'Iemand die mijn schat heeft gepakt?'
Oma schudt haar hoofd.
'Hou nou toch op over die schat.
Kom wat eten,' zegt oma.
'Goed,' zegt opa.
'Maar morgen ga ik verder zoeken.'

In de war

Ze gaan naar de keuken.
Oma maakt brood klaar.
Maar opa wil niet eten.
'Ik ben zo moe,' zegt hij.
'Ik ga een dutje doen.'
Opa gaat de keuken uit.
'Arme man,' zegt oma.
'Hij is zo in de war.
Hij zegt rare dingen.
Pas dacht hij nog dat ik zijn moeder was.
Dat vond ik zo naar.
"Ik ben je vrouw," zei ik.
"Mijn vrouw?" vroeg hij.
"Ben ik getrouwd met mijn moeder?"
Het is niet leuk, hoor.
Soms kent hij me niet meer.
Maar de dag erna is hij weer gewoon.'
Oma is even stil.
Dan zegt ze: 'En nu die schat weer.
Hij heeft het steeds over een schat.'
"Waar is mijn schat toch?" zegt hij.
"Ik ben je schat," zeg ik dan.'
Oma lacht.
'Ik maak er maar een grapje van.
Maar soms moet ik huilen.

Het is zo vreemd voor me.'
Kim snapt het best.
Het is moeilijk voor oma.
Maar het zou toch waar kunnen zijn?
Misschien is er echt een schat.
Of verzint opa het maar?

Veel doosjes en kistjes

Opa is in de schuur.
Kim is bij hem.
Ze vindt opa lief.
Opa zoekt in kistjes.
Hij zoekt in doosjes.
'Help je even mee?' vraagt hij.
'Ik heb de schat nog steeds niet.
Misschien is hij hier ergens.'
'Goed,' zegt Kim.
Ze zoekt in kistjes.
En ze zoekt in doosjes.
Ze vindt spijkers en schroeven.
Moeren en bouten.

Ze ziet van alles in de schuur.
Hamers en beitels, zagen en tangen.
De meeste zijn verroest.
Opa heeft ze al lang niet gebruikt.
'En?' vraagt opa.
'Heb je al wat gezien?'
Kim heeft heel veel gezien.
Wat heeft opa veel bewaard.
De schuur staat vol.
Met harken en scheppen, bezems en schoffels.
Het is wel een soort schat, denkt Kim.
Al die oude dingen.

Opa is weg

Opa is weg.
Ze hebben overal gezocht.
In de kamers, in de schuur, in de tuin.
Maar er is geen spoor van opa.
'Waar kan hij toch zijn?' zegt oma.
'Ik snap er niets van.
Hij is zo in de war.
Ik maak me echt zorgen.
Kim, ga je mee zoeken?
Misschien is hij op straat.'
Ze lopen het pad af.
'Ik ga die kant op,' zegt oma.
Ze wijst naar links.
'Ga jij de andere kant op?'
Ze wijst naar rechts.
'Ja, oma,' zegt Kim.
'Ik zoek wel aan deze kant.'

Kim gaat de straat uit.
Ze kijkt om zich heen.
'Opa!' roept ze. 'Opa, waar ben je?'
Ze komt bij de rivier.
Daar ziet ze opa staan.
Hij wil juist in een bootje stappen.
Kim rent naar hem toe.

'Opa!' roept ze. 'Wat doe je nou?'
'Ssst,' zegt opa, 'niet zo schreeuwen.
Anders vinden ze me.'
'Wat ga je doen, opa?
Je moet mee naar huis.
Het is gevaarlijk bij het water.'
'Hier in de buurt is een eiland,' zegt opa.
'Ik denk dat de schat daar is.'

Het eiland

Kim weet niet wat ze moet doen.
'Kom opa, we gaan terug,' zegt ze.
Ze pakt opa bij zijn mouw.
Maar opa trekt zich los.
Hij stapt in het bootje.
'Kom je nog mee?' vraagt hij.
'Anders ga ik alleen.'
Kim wil opa niet alleen laten.
Ze stapt ook in het bootje.
Ze varen weg, de rivier op.
De rivier splitst zich.
Eén stroompje gaat naar links.
Het andere gaat naar rechts.
Daartussen is een stuk land.
'Zie je wel,' zegt opa, 'daar is een eiland.'
Ze roeien ernaartoe.
Ze stappen uit.
'We moeten wel stil doen,' zegt opa.
'Er zijn vaak enge dieren op een eiland.'
Opa pakt een stok.
Hij leunt erop.
'Ik moet even zitten,' zegt opa.
'Ik ben doodmoe.'
Hij gaat zitten in het gras.
'Blijf jij maar staan,' zegt opa.

'En waarschuw me als er gevaar is.'
'Goed,' zegt Kim.
Ze vindt het spannend met opa.
Maar ze is ook bezorgd.
Opa is zo oud.
Hij is zo erg in de war.

Rovers

Op het eiland zijn veel struiken.
'Stil eens,' zegt opa, 'ik hoor wat.'
Hij verstopt zich achter een struik.
Kim gaat naast hem zitten.
Zij heeft ook iets gehoord.
Een schreeuw, een gil.
Was het van een dier of van een mens?
Ze gluren tussen de struiken door.
Ze zien een hut.
Voor de hut staan twee jongens.
De een heeft een ooglap voor.
De ander draagt een hoed.
Een hoed met een doodshoofd.
'Het zijn rovers,' zegt opa.
'We moeten ons stilhouden.
Anders doden ze ons.'
'Opa,' fluistert Kim, 'het zijn jongens.'
'Ssst,' zegt opa.
Hij pakt de hand van Kim.
Ze voelt dat de hand trilt.
Opa is heel bang.
'Kom maar op!' roept Ooglap.
'Ik hak je in mootjes.'
Hij heeft een zwaard in zijn hand.
Een zwaard van hout.

Doodshoofd heeft een dolk.
Een dolk van plastic.
'De schat is van mij!' roept hij.
'Ik was hier het eerst,' roept Ooglap.
Ze heffen hun wapens.
Ratsj! Kletter!
De wapens knallen tegen elkaar.
'Ik wist het wel,' zegt opa bang.
'Wees maar niet bang, opa,' zegt Kim.
'Ik jaag de rovers wel weg.'
'Ben je gek!' roept opa.

De rovers hebben het gehoord.
Ze stoppen met hun gevecht.
'Wat was dat?' vraagt Ooglap.
Hij kijkt naar de struiken.
Kim springt erachter vandaan.
'Wij zijn het,' zegt ze.
'Wat doe je hier?' roept Doodshoofd.
'Dit is ons eiland.'
Nu kruipt opa ook achter de struiken vandaan.
'Waar is de schat?' vraagt opa.
'De schat is van mij.'
'Die vent is gek,' zegt Doodshoofd.
'Ouwe gek, rot op!' roept Ooglap.
Kim wordt heel boos.
'Mijn opa is niet gek!' roept ze.

'Hoe durven jullie hem uit te schelden!'
Ze pakt een dikke tak van de grond.
Opa pakt Doodshoofd bij zijn nek.
'Help, hij keelt me!' piept hij.
Opa is oud, maar wel sterk.
'Je blijft van dat meisje af,' zegt opa.
'Goed, als u me loslaat.'
Opa laat Doodshoofd los.
Die loopt snel weg.
'Kom op,' zegt hij.
'Die twee zijn eng.'
Doodshoofd loopt het eiland af.
Ooglap gaat achter hem aan.
Bij de oever ligt een vlot.
Een vlot met een piratenvlag.
Ze stappen erop en varen weg.
'Poeh!' zegt opa.
'Dat liep maar net goed af.'
'Goed gedaan, opa,' zegt Kim.
'Je hebt de rovers verjaagd.
Dat was heel dapper van je.'
Opa lacht.
'En nu de schat,' zegt hij.
'Die ligt hier vast ergens.'
Opa gaat naar de hut.
Hij zoekt in alle hoeken.
'Wat zoek je, opa?' vraagt Kim.

'De schatkaart,' zegt opa.
'Anders vinden we de schat nooit.'
Ze zoeken en zoeken.
Maar ze vinden geen schatkaart.
Dan gaan ze terug naar de boot.

Lieve schat

Het is een maand later.
Oma kijkt naar opa's stoel.
Er rolt een traan over haar wang.
De stoel is leeg.
Opa is dood.
'Daar zat hij altijd in,' zegt ze.
'Maar nu is hij leeg.
Steeds kijk ik tegen die lege stoel aan.'
Ze veegt de tranen van haar gezicht.
Dan gaat ze de kamer uit.
Kim blijft alleen in de kamer.
Weet je wat ik doe? denkt Kim.
Ik zet de stoel weg.
Hij moet naar buiten.
Dan huilt oma niet zo vaak.
Ze schuift de stoel opzij.
Oef, die is zwaar.
Ze duwt en trekt.
De stoel valt met een klap om.
Kim valt zelf ook om.
Ze hoort de vloer kraken.
Dan ziet ze iets vreemds.
Er zit een luikje in de vloer.
Een luikje met een handvat.
Kim doet het luik open.

Ze kijkt onder de vloer.
Ze gelooft haar ogen niet.
Er ligt een kistje.
De schat van opa, denkt ze.
Hij zat er de hele tijd bovenop.

Het kistje staat op tafel.
Oma maakt het open.
Haar vingers trillen.
Haar mond valt open.
'Dit kan niet waar zijn!' zegt ze.
In het kistje liggen heel veel munten.
Oude munten.
En er liggen brieven in, oude brieven.
Oma is heel lang stil.
Dan zegt ze:
'We waren nog niet getrouwd.
Toen schreven we elkaar brieven.
Deze brieven schreef ik naar hem.
Die heeft hij altijd bewaard.
Er zitten ook brieven van hem bij.
Die heeft hij nooit verstuurd.'

23

Oma leest:
'Lieve schat van me.
Ik mis je heel erg.
Ik denk elke dag aan jou.
Elke dag en elke nacht.
Ik hoop je snel weer te zien.'

Oma zucht diep.
'Hij had gelijk,' zegt ze.
'Hij had toch een schat.
Die heeft hij voor mij bewaard.'
Kim kruipt op oma's schoot.
Ze geeft haar een kusje.
'Je bent een echte schat, oma,' zegt ze.
'En jij ook,' zegt oma.

Zonnetjes bij kern 7 van Veilig leren lezen

1. Het geheim van oma Sien
Geertje Gort en Pauline Oud

2. Milo
Christel van Bourgondië en Josine van Schijndel

3. De schat van opa
Anton van der Kolk en Harmen van Straaten

ISBN 978.90.276.0097.4
NUR 287
3e druk 2009

© 2006 Tekst: Anton van der Kolk
© 2006 Illustraties: Harmen van Straaten
Vormgeving: Rob Galema
© Uitgeverij Zwijsen B.V., Tilburg

Voor België:
Uitgeverij Zwijsen.be, Antwerpen
D/1919/2006/210